MIX
Papier aus verantwor-
tungsvollen Quellen
FSC® C008047

Impressum

5 4 3 2 1 21 20 19 18 17
978-3-88117-149-6

Cover und Layout: Nieschlag + Wentrup, Münster
Text und Rezepte: Agnes Prus
Illustration: Kristina Ballerstaedt, Nieschlag + Wentrup
Redaktion: Franziska Grünewald
Satz: FSM Premedia, Münster

© 2017 Hölker Verlag in der Coppenrath Verlag GmbH & Co. KG
Hafenweg 30, 48155 Münster, Germany
Alle Rechte vorbehalten, auch auszugsweise

www.hoelker-verlag.de

Inhalt

Kohl – vom Komparsen zum Hauptdarsteller

Rezepte

Kohl – vom Komparsen zum Hauptdarsteller

Rüstiger Held des Feldes und der Seefahrer, Trauma und Rettung der Nachkriegsgeneration und Gesundbrunnen der Veganer: Kaum eine andere Gemüsesorte polarisiert so sehr wie Kohl. Aber durch diverse Food-Trends und neue Zubereitungsweisen erscheint die vom Wildkohl abstammende Gattung Brassica heute in neuen Gewändern. Nicht zuletzt das gestiegene Interesse an veganer Ernährung hat dem überaus gesunden und sättigenden Gemüse zu neuer Beliebtheit verholfen.

Statt Blumenkohl nur zu kochen, verwandelt man ihn schnell zu einem Low-Carb-Pizzaboden oder zaubert aus ihm, pikant gewürzt und im Backofen geröstet, eine orientalische Schönheit. Auch Grünkohl hat sich längst von seinem treuen Begleiter Pinkel emanzipiert und spielt die Hauptrolle in vielen grünen Smoothies oder wird zu knusprigen Chips gebacken. Im Zuge der Wiederentdeckung fermentierter Speisen stehen außerdem alte Bekannte wie Sauerkraut und Kimchi, das koreanische Nationalgericht, ganz oben auf der DIY-Liste vieler Foodies.

Wo kommt er her, wo geht er hin?

Die Liebe der Deutschen zu Kohl ist allseits bekannt — so sehr, dass das Wort Sauerkraut fast untrennbar mit Deutschland verbunden scheint. Tatsächlich gedeiht Kohl besonders gut in den norddeutschen Küstenregionen. Doch gebürtig stammt der Urvater aller Gemüsekohlsorten, der Wildkohl, aus dem Mittelmeerraum und war bereits in der Antike auf dem Speiseplan gern gesehen. Von dort breitete er sich in Richtung Norden aus und wird heute auf allen Kontinenten angebaut.

Daher stößt man, wenn man sich unter kulinarischen Gesichtspunkten auf der Welt umschaut, nahezu überall auf Kohl-Spezialitäten: In Italien begegnet man ihm im Schwarzkohleintopf „Ribollita", die Portugiesen verarbeiten Grünkohl zur Cremesuppe „Caldo verde". In Osteuropa gehören Kohlgerichte von jeher in das feste Repertoire aller Hausfrauen: So zählt „Bigos", ein deftiger Sauerkrautschmortopf, zu den polnischen Nationalgerichten, während in der Ukraine traditionell ein reichhaltiger „Borschtsch" serviert wird. In Norwegen wiederum kombiniert man Kohl im Gericht „Fårikål" mit Lammfleisch. Blumenkohl wird in der Türkei gerne gebraten, in Indien frittiert. Die Amerikaner lieben ihren Weißkohlsalat „Cole Slaw" zu Burgern und Pommes und das bereits genannte „Kimchi" steht in Korea sogar mehrmals täglich auf dem Speiseplan. Selbst in Brasilien trifft man den guten alten Kohl, nämlich im Nationalgericht „Feijoada", wo er sich zu Schweinefleisch und Bohnen gesellt. Und Sauerkraut? Zwar ist es wohl keine deutsche Erfindung, aber als typisch deutsches Gericht so bekannt, dass wir ihm vor allem unter Amerikanern den Spitznamen „The Krauts" zu verdanken haben.

Ritter Kraut – Schützer des Immunsystems

„Der beste Krautesser wird am ältesten!", hieß es bereits bei den alten Griechen und Römern. Kohl galt als besonders gesundes Gemüse und von Hippokrates bis Pfarrer Kneipp schätzten ihn die Vorreiter der Ernährungsberatung wegen seiner Heilwirkung. Alle Kohlsorten sind arm an Kalorien und reich an Ballaststoffen; ein Segen für die Verdauung und die schlanke Linie. Vor allem aber sind sie hervorragende Vitamin-C-Quellen, die das Immunsystem stärken, und enthalten Glucosinolate, schwefel- und stickstoffhaltige Verbindungen, welche die Krebsprävention unterstützen sollen.

Leider hat Kohl zwei allseits bekannte Schattenseiten, nämlich einen intensiven Geruch und blähende Wirkung. Gegen aufdringlichen Blumenkohlgeruch hilft ein Lorbeerblatt oder ein Schuss Milch im Kochwasser, beim Garen von Weißkohl kann ein Schuss Essig zugegeben werden. Beim Verdauen des faserreichen Gemüses hat der Darm ordentlich zu tun, was zu Blähungen führen kann. Zu Hilfe eilen da Kräuter und Gewürze (z.B. Kümmel, Fenchel, Anis, Koriandersamen, Majoran, Thymian, Petersilie oder auch geriebener Ingwer), die man, wenn es geschmacklich passt, dem Gericht zugeben kann.

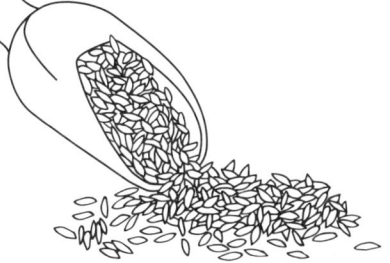

Who's who?

Beim Kohlkauf sollte viel Wert auf Frische gelegt werden, denn lange Lagerung kann zu strengem Geschmack führen und hat Vitalstoffverlust zur Folge.
Bei der verfügbaren Sortenvielfalt hat man die Qual der Wahl:

Grünkohl ist sehr robust und verträgt Temperaturen bis -15 °C. Durch seinen hohen Eisen-, Protein- und Kalziumgehalt ist er besonders für Vegetarier und Veganer von hohem Wert.

Wirsing überzeugt durch würzigen, etwas nussigen Geschmack und feine Konsistenz. Schon ab Mai findet man den Frühwirsing auf dem Markt.

Im deftig-süßen **Weißkohl** stecken nicht nur das typische Kohlaroma, sondern auch Vitamine, Kalium und wertvolle Senföle.

Rotkohl ist ein recht süßer Kohl mit mildem Geschmack. Der Farbstoff Anthocyan hat antioxidative, zellschützende und entzündungshemmende Wirkung.

Spitzkohl ist der zarteste Vertreter der Kohlfamilie. Er gehört zu den leichter verdaulichen Sorten, daher eignet er sich sehr gut für Salate.

Blumenkohl ist besonders bekömmlich und vielseitig einsetzbar. In südlichen Gebieten trifft man häufig auf gelben, violetten oder grünen Blumenkohl.

Brokkoli erinnert geschmacklich eher an Spargel als an Kohl. Bezogen auf den Vitamin-C-Gehalt ist er einer der Spitzenreiter in der Kohlfamilie.

Romanesco, eine Kreuzung aus Blumenkohl und Brokkoli mit hellgrünen, spitz zulaufenden Röschen, ist sogar noch reicher an Nährstoffen als Blumenkohl.

Rosenkohl steht auf den vordersten Plätzen, wenn es um die Lieferung von Vitamin C geht: Schon 100 g des Gemüses decken unseren Tagesbedarf.

Kohlrabi, die wohl bekömmlichste Kohlsorte, ist reich an immunstärkenden Senfölglykosiden. Da sich ein großer Teil davon im Kochwasser löst, sollte man Kohlrabi nur in wenig Flüssigkeit garen.

Rezepte

Schwarzkohl- und Rotkohlpesto

Schwarzkohlpesto mit gerösteten Walnüssen

FÜR CA. 6 PERSONEN

150 g Schwarzkohl
Meersalz
60 g Walnusskerne
1 Bd. Basilikum,
Blättchen abgezupft

60 g Parmesan, frisch gerieben
150 ml Olivenöl
2 Knoblauchzehen
Abrieb und Saft von ½ Bio-Zitrone
Frisch gemahlener Pfeffer

Die Schwarzkohlblätter waschen und von den Mittelrispen ziehen. In wenig kochendem Salzwasser bei geschlossenem Deckel 2 Min. garen. Abgießen, kalt abschrecken und gut abtropfen lassen. Die Blätter grob hacken, dabei allzu harte Blattrispen entfernen. Die Walnusskerne in einer kleinen Pfanne ohne Fett anrösten. Alle Zutaten cremig pürieren. Das Pesto mit Salz und Pfeffer würzen und bis zum Gebrauch in einem Schraubglas im Kühlschrank aufbewahren.

Rotkohlpesto mit Mandeln und Gorgonzola

FÜR 4–6 PORTIONEN

100 ml Olivenöl
1 Knoblauchzehe, grob gehackt
¼ Rotkohl (ca. 200 g), grob gehackt
Meersalz

50 g Mandeln
60 g Gorgonzola
1 EL Apfelessig
Frisch gemahlener Pfeffer

In einem Topf 2 EL Öl erhitzen und den Knoblauch darin 1 Min. andünsten. Den Rotkohl mit einer Prise Salz zugeben und bei mittlerer Hitze 12 Min. garen. Lauwarm abkühlen lassen. Mit allen weiteren Zutaten und dem restlichen Olivenöl cremig pürieren und mit Salz und Pfeffer abschmecken. Evtl. mit etwas Wasser oder Olivenöl bis zur gewünschten Konsistenz verdünnen. Bis zum Gebrauch in einem Schraubglas im Kühlschrank aufbewahren.

Grünkohl- und Rotkohlsmoothie

Grüne-Göttin-Smoothie

FÜR CA. 500 ML

100 g Baby-Grünkohl
(alternativ normaler Grünkohl)
100 ml Mandelmilch
1 Banane, geschält und in groben
Stücken
1 Orange, geschält und grob
gewürfelt

2 Äpfel, geviertelt und entkernt
½ Avocado,
Fruchtfleisch grob gewürfelt
1 EL Mandelmus
½ TL Zimt
1 TL geschälte Hanfsamen
(nach Belieben)

Die Grünkohlblätter gründlich waschen, abtropfen lassen und von den Rippen streifen. Mit der Mandelmilch in den Mixer geben und pürieren. Alle übrigen Zutaten bis auf die Hanfsamen zum Grünkohl geben und cremig pürieren. Den Smoothie nach Belieben mit Wasser oder Mandelmilch verdünnen und mit Hanfsamen bestreuen.

Wintersmoothie mit Rotkohl

FÜR CA. 500 ML

100 g Rotkohl
Ca. 150 ml Wasser
2 Birnen, geviertelt und entkernt
50 g rote Weintrauben

1 EL Dinkel
1 EL frisch gepresster Zitronensaft
1 Stück Ingwer (ca. 2 cm)

Die äußeren Blätter vom Rotkohl entfernen. Den Kohl waschen, vom Strunk befreit und in Stücke schneiden. Mit 150 ml Wasser im Mixer pürieren. Birnen, Weintrauben, Dinkel, Zitronensaft und Ingwer zum Rotkohl geben und cremig pürieren.

Wirsingchips
mit Kräutern

FÜR 2 BLECHE

250 g Wirsingblätter
2 EL Olivenöl
Meersalz
1 TL getrockneter Thymian

1 TL getrockneter Oregano
1 TL Knoblauchgranulat
1 TL frisch gemahlener Pfeffer
2 EL frisch geriebener Parmesan

Den Backofen auf 120 °C (Umluft) vorheizen. Die Wirsingblätter waschen, gut abtrocknen und gründlich mit Öl einreiben. Von den Mittelrispen ziehen und in mundgerechte Stücke reißen. Allzu harte Blattrispen entfernen. Den Wirsing auf zwei mit Backpapier belegten Blechen verteilen und mit Salz, Thymian, Oregano, Knoblauchgranulat und Pfeffer würzen.

In den Backofen geben und einen Holzlöffel in die Tür klemmen, damit die Feuchtigkeit entweichen kann. 7 Min. backen, anschließend die Chips mit Parmesan bestreuen und in weiteren 7 Min. bei leicht geöffneter Backofentür knusprig backen.

TIPP

Für die Chips kann man auch sehr gut Grünkohl verwenden. Sie schmecken nicht nur als Snack, sondern können auch als Topping auf eine cremige Suppe oder einen Salat gestreut werden.

Sauerkraut

aus Weiß- und Rotkohl

FÜR 1 EINMACHGLAS À 1 L

750 g Weißkohl	**Außerdem**
250 g Rotkohl	1 sterilisiertes Einmachglas (1 l)
Ca. 2 TL Meersalz	mit Glasdeckel
1 TL Wacholderbeeren	Einweghandschuhe
(nach Belieben)	

Die äußeren Kohlblätter entfernen, 1 Weißkohlblatt beiseitelegen. Beide Kohlsorten fein hobeln und in eine große Schüssel geben. Mit Salz bestreuen und mit den Händen (Einweghandschuhe!) kräftig und gründlich durchkneten, bis reichlich Lake ausgetreten ist. Mit Salz abschmecken. Nach Belieben die Wacholderbeeren untermischen.

Das Kraut nach und nach in das Einmachglas füllen. Jede Schicht mit einem Holzstampfer oder mit den Händen fest herunterdrücken, damit keine Luft eingeschlossen wird. Mit dem Weißkohlblatt bedecken und mit einem Gewicht beschweren, damit das Kraut von reichlich Lake bedeckt ist. Das Glas locker verschließen. (Keinen Gummiring oder Schraubverschluss verwenden, denn das entstehende Gas muss unbedingt entweichen können!)

Das Kraut bei Zimmertemperatur 1–4 Wochen fermentieren lassen. Täglich kontrollieren, ob es von Lake bedeckt ist. Das fertige Sauerkraut im Kühlschrank aufbewahren.

TIPP

Statt Wacholderbeeren kann man vor dem Kneten auch 50 g frischen Meerrettich und 1 sauren Apfel, beides grob geraspelt, zum Kraut geben. Zum Fermentieren eignet sich am besten Bio-Ware, da Chemikalien den Fermentationsprozess stören können.

Kimchi

FÜR 1 GLAS À 2 L

1 Chinakohl
Ca. 4 EL Salz
2 EL Klebreismehl
(alternativ Weizenmehl)
1 TL Zucker
½ weiße Gemüsezwiebel,
grob gehackt
1 Stück Ingwer (ca. 5 cm),
grob gehackt
3 Knoblauchzehen
1–2 EL Gochugaru
(koreanisches Chilipulver)

1 EL Fischsoße
1 Daikon-Rettich (alternativ normaler
Rettich), in feinen Stiften
2 Möhren, in feinen Stiften
1 Bd. Frühlingszwiebeln,
in feinen Ringen
Gerösteter Sesam zum Servieren

Außerdem
Gärgefäß (ca. 2 l) aus Ton oder Glas
Einweghandschuhe

Den Chinakohl am Strunk einschneiden und beide Hälften auseinanderziehen. Erneut einschneiden und die Hälften teilen. Die Kohlviertel in eine Schüssel legen und jedes Blatt gründlich salzen. Ca. 4 Std. ziehen lassen, zwischendurch wenden. Zweimal mit klarem Wasser auswaschen und ausdrücken.

Das Klebreismehl mit 200 ml kaltem Wasser glatt rühren. Aufkochen und unter Rühren glasig werden lassen. Zucker einrühren und die Paste abkühlen lassen. Zwiebel, Ingwer und Knoblauch pürieren und mit Chilipulver und Fischsoße zur Mehlpaste geben. Rettich, Möhren und Frühlingszwiebeln unterrühren.

Jedes Kohlblatt mit der Gemüsepaste einreiben (Einweghandschuhe!). Die Kohlviertel zu kompakten Päckchen einwickeln, in ein Gärgefäß geben und die Luft herausdrücken. Locker abdecken (nicht zuschrauben!) und 1–2 Tage bei Zimmertemperatur ruhen lassen, bis die Fermentation beginnt. Den Kohl erneut herunterdrücken, damit das entstandene Gas entweichen kann. Im Kühlschrank ca. 6 Tage fermentieren lassen. In mundgerechte Stücke schneiden und mit Sesam bestreut servieren.

Blumenkohl-
Parmesan-Häppchen

FÜR 4–6 PORTIONEN

130 g Mehl
1 Prise Salz
1 Msp. Cayennepfeffer
2 Eier
200 g Paniermehl
4 Zweige Thymian,
 Blättchen abgezupft und fein
 gehackt

60 g Parmesan, fein gerieben
60 g Cheddar, fein gerieben
1 kg Blumenkohl oder Romanesco,
 in Röschen
2 EL Olivenöl

Den Backofen auf 200 °C vorheizen. Das Mehl mit Salz und Cayennepfeffer in einer Schüssel vermischen. In einer weiteren Schüssel die Eier leicht verquirlen. In einer dritten Schüssel das Paniermehl mit Thymian, Parmesan und Cheddar vermengen.

Jedes Blumenkohlröschen einzeln und gründlich erst im Mehl, dann in den Eiern und zuletzt in der Paniermehl-Käse-Mischung wenden. Die panierten Röschen auf 1–2 mit Backpapier belegten Blechen verteilen und mit Olivenöl beträufeln. In ca. 20 Min. goldbraun backen.

TIPP

Dazu passen Kartoffelpüree und ein frischer, knackiger Salat –
oder eine Folge „Tatort".

Stängelkohl

mit Pinienkerncrunch

FÜR CA. 4 PORTIONEN

Für den Stängelkohl
300 ml Olivenöl
3 Knoblauchzehen, fein gehackt
½ rote Chilischote
1 Bio-Zitrone, in Scheiben
2 Bd. Stängelkohl,
    harte Rispen entfernt
Meersalz
Frisch gemahlener Pfeffer

Für den Crunch
40 g Butter
3 EL Pinienkerne
2 EL kernige Haferflocken
60 g Mehl
Abrieb von 1 Bio-Zitrone
2 Stängel Blattpetersilie,
    fein gehackt
¼ TL rosa Pfefferbeeren

Außerdem
Baguette, in Scheiben
Ricotta

In einem großen Topf das Öl, den Knoblauch, die Chili und die Zitronenscheiben bei mittlerer Hitze erwärmen und 5 Min. garen. Den Stängelkohl zugeben und bei geschlossenem Deckel 50 Min. mitgaren, nach 25 Min. umrühren. Vom Herd nehmen und mit Salz und Pfeffer würzen.

Den Backofen auf 175 °C vorheizen. Alle Zutaten für den Crunch in einer Schüssel vermengen und auf einem mit Backpapier belegten Blech verteilen. In ca. 15 Min. goldbraun backen, zwischendurch durchmischen.

Die Baguettescheiben mit Ricotta bestreichen und mit Stängelkohl belegen. Mit Pinienkerncrunch bestreut servieren.

Grünkohl
mit weißen Bohnen und Parmesan

FÜR 2–4 PORTIONEN

180 g Grünkohl
2 EL Olivenöl
240 g weiße Riesenbohnen (Dose), abgetropft
4 getrocknete Tomaten in Öl, abgetropft und grob gehackt
1 Knoblauchzehe, fein gehackt

50 g Walnusskerne, grob gehackt
¼ TL Meersalz
1 Msp. frisch geriebene Muskatnuss
Abrieb und 1 EL Saft von 1 Bio-Zitrone
20 g Parmesan, gehobelt

Die Grünkohlblätter von den Rispen ziehen und grob hacken. Das Öl in einer großen Pfanne erhitzen und die Bohnen darin 3 Min. bei mittlerer Hitze, ohne zu rühren, anbraten. Wenden und in weiteren 3 Min. goldbraun braten. Die Tomaten und den Knoblauch zugeben und 1 Min. mitbraten. Grünkohl, Walnusskerne und Salz zufügen und 1 Min. mitgaren. Muskatnuss, Zitronenabrieb und -saft untermischen und die Pfanne vom Herd nehmen.

Das Gemüse auf einer Servierplatte verteilen und mit Parmesan bestreut servieren.

TIPP

Dazu passen geröstete, mit Olivenöl beträufelte Ciabattascheiben.

Rosenkohlcremesuppe
mit Birne-Walnuss-Gremolata

FÜR 4 PORTIONEN

Für die Suppe
3 EL Butter
1 Zwiebel, gewürfelt
500 g Rosenkohl
2 kleine Kartoffeln, grob gewürfelt
1 l Gemüsebrühe
1 Prise frisch geriebene Muskatnuss
100 g Crème fraîche
Meersalz
Frisch gemahlener Pfeffer

Für das Topping
½ Birne, entkernt und fein gewürfelt
Je 1 TL Saft und Abrieb von
1 Bio-Zitrone
30 g Walnusskerne, fein gehackt
40 g getrocknete Cranberrys,
  grob gehackt
2 EL Öl
2 EL Butter
4 Salbeiblättchen
1 Scheibe Toastbrot, gewürfelt

Die Butter in einem großen Topf zerlassen und die Zwiebel darin andünsten. Rosenkohl und Kartoffeln zugeben und kurz mitgaren. Die Gemüsebrühe angießen und Muskatnuss unterrühren. 5 Min. bei mittlerer Hitze garen. 8 Rosenkohlköpfe herausnehmen. Etwas abkühlen lassen, vierteln und beiseitestellen. Die Suppe weitere 5 Min. kochen. Crème fraîche zugeben, die Suppe pürieren und mit Salz und Pfeffer abschmecken.

Für die Gremolata die Birne in eine Schüssel geben und mit Zitronensaft beträufeln. Walnüsse, Cranberrys und Zitronenabrieb untermischen. Das Öl mit der Butter in einer Pfanne erhitzen und die Salbeiblättchen darin kross anbraten. Herausnehmen, grob hacken und zur Birne geben.

Die Rosenkohlviertel im Salbeiöl goldbraun anbraten. Herausnehmen und beiseitestellen. Die Brotwürfel im restlichen Öl anrösten und mit Salz und Pfeffer würzen.

Die Suppe mit Rosenkohlvierteln, Gremolata und Croûtons garniert servieren.

Blumenkohlsalat

mit Kichererbsen

FÜR 2–4 PORTIONEN

Für den Salat
6 EL Olivenöl
1 TL gemahlener Koriander
1 TL Garam Masala
1 TL gemahlener Kreuzkümmel
Meersalz
Frisch gemahlener Pfeffer
500 g Blumenkohl, in Röschen
2 Schalotten, in feinen Scheiben
200 g Kichererbsen (Dose),
  abgetropft
3 Aprikosen, gewürfelt
4 Stängel Koriander,
  Blättchen abgezupft

Für das Dressing
60 g Tahini (Sesampaste)
1 TL Abrieb und 130 ml Saft von
  1 Bio-Orange
2 TL frisch gepresster Zitronensaft
1 Knoblauchzehe, fein gehackt
1 TL Honig

Den Backofen auf 180 °C vorheizen. Für das Dressing alle Zutaten in einem Schälchen mit einem Schneebesen verquirlen. Beiseitestellen.

Für den Salat in einem Schälchen 3 EL Öl mit den Gewürzen und je 1 Prise Salz und Pfeffer verrühren. Den Blumenkohl in einer Schüssel mit dem Gewürzöl beträufeln und gründlich wenden. Auf einem mit Backpapier belegten Blech verteilen und in ca. 20 Min. bissfest garen.

Das restliche Öl in einer Pfanne erhitzen und die Schalotten darin unter Rühren in ca. 8 Min. goldgelb anbraten. Die Kichererbsen unterrühren und erwärmen. Die Aprikosen zugeben und die Pfanne vom Herd nehmen. Den Blumenkohl zugeben und alles behutsam vermengen.

Auf einer Servierplatte verteilen und mit der Hälfte des Dressings beträufeln. Mit Koriander bestreut servieren, das restliche Dressing dazu reichen.

Asiatischer Rotkohlsalat
mit Mango und Erdnüssen

FÜR CA. 6 PORTIONEN

Für den Salat

700 g Rotkohl, in feinen Streifen
300 g Weißkohl, in feinen Streifen
2 Mangos, in dünnen Streifen
120 g geröstete ungesalzene
  Erdnusskerne, grob gehackt
3 Frühlingszwiebeln, in Ringen
½ Bd. Koriander, Blättchen abgezupft
  und Stiele fein gehackt

Für das Dressing

100 ml frisch gepresster Orangensaft
2 EL frisch gepresster Zitronensaft
4 EL Ahornsirup
2 EL Sojasoße
4 EL Erdnussöl (alternativ Sonnen-
  blumenöl)
2 TL geröstetes Sesamöl
1 Stück Ingwer (ca. 2 cm), gerieben
1 rote Chilischote, entkernt und in
  feinen Streifen
Salz

Für das Dressing Orangen- und Zitronensaft, Ahornsirup und Sojasoße in einem kleinen Topf ca. 7 Min. bei hoher Temperatur einkochen. Lauwarm abkühlen lassen. Das Erdnuss- und das Sesamöl, den Ingwer und die Chili untermischen.

Beide Kohlsorten in eine Schüssel geben, mit dem Dressing vermengen und 30 Min. ziehen lassen. Die Mangos, die Hälfte der Erdnüsse, die Frühlingszwiebeln und die Korianderstiele unterheben. Eventuell mit Salz nachwürzen.

Den Rotkohlsalat auf einer Servierplatte anrichten. Mit den restlichen Erdnüssen und den Korianderblättchen bestreut servieren.

TIPP

Der Salat passt gut zu frischem, rosa gebratenem Thunfisch. Die Erdnüsse können durch 2 EL geröstete helle Sesamsamen ersetzt werden.

Spitzkohlsalat
mit Erdbeeren und Belugalinsen

FÜR 2–4 PORTIONEN

Für den Salat
150 g Belugalinsen
40 g Cashewkerne
1 TL Sojasoße
½ Spitzkohl, in dünnen Streifen
2 Avocados, entkernt und gewürfelt
150 g Erdbeeren, geviertelt
Meersalz
Frisch gemahlener Pfeffer
4 Stängel Koriander (nach Belieben),
  Blättchen abgezupft

Für das Dressing
60 ml Olivenöl
2 EL Apfelessig
1 EL Sojasoße
1 TL Ahornsirup
1 TL Dijon-Senf
½ Schalotte, fein gehackt
½ grüne Chilischote, entkernt und
  fein gehackt
Meersalz
Frisch gemahlener Pfeffer

Für das Dressing alle Zutaten in ein Schraubglas geben. Mit dem Deckel verschließen und kräftig schütteln. Beiseitestellen.

Die Linsen in einem Sieb mit lauwarmem Wasser abspülen. In einen Topf geben und mit 400 ml Wasser aufkochen. Bei niedriger Temperatur in 20 Min. bissfest garen. Abgießen und abkühlen lassen. Die Cashewkerne in einer Pfanne ohne Fett anrösten. Die Sojasoße zugeben, gründlich verrühren und die Kerne abkühlen lassen. Den Kohl mit den Linsen, der Hälfte der Avocadowürfel und der Erdbeeren in eine Schüssel geben und das Dressing darüberträufeln. Alles gut vermengen und mit Salz und Pfeffer abschmecken.

Den Salat auf eine Servierplatte geben und die übrigen Avocadowürfel und Erdbeeren darauf verteilen. Mit Cashewkernen und nach Belieben mit Koriander bestreut servieren.

Brokkoli-Quinoa-Bratlinge

FÜR CA. 15 BRATLINGE

Für den Salat
100 g bunte Quinoa
Meersalz
500 g Brokkoli, grob geraspelt
4 EL Öl
1 Schalotte, fein gehackt
½ Apfel, fein gewürfelt
2 Frühlingszwiebeln, in feinen Ringen
½ TL Kümmel

Ca. 3 EL Semmelbrösel
50 g Gouda, grob gerieben
½ TL Abrieb von 1 Bio-Zitrone
5 Stängel Blattpetersilie,
    fein gehackt
1 Msp. Muskat
1 Msp. Cayennepfeffer
1 Ei
Frisch gemahlener Pfeffer

Die Quinoa mit ca. 200 ml Salzwasser in einem Topf aufkochen und 10 Min. garen. Den Brokkoli zugeben und weitere 4 Min. köcheln lassen, bis die Flüssigkeit verdampft ist. Vom Herd nehmen und etwas abkühlen lassen.

In einer kleinen Pfanne 1 EL Öl erhitzen und die Schalotte darin anbraten. Den Apfel zugeben und 1 Min. mitbraten. Frühlingszwiebeln und Kümmel untermischen, kurz mitgaren und zum Brokkoli geben. Alle weiteren Zutaten bis auf das restliche Öl ebenfalls unterheben. Die Masse kräftig mit Salz und Pfeffer abschmecken und 10 Min. ziehen lassen. Eventuell etwas mehr Semmelbrösel zugeben, falls die Mischung zu wässrig ist.

Das restliche Öl in einer großen Pfanne erhitzen. Esslöffelgroße Portionen der Brokkoli-Quinoa-Mischung hineingeben und etwas flach drücken. Bei mittlerer Hitze pro Seite ca. 3 Min. braten. Auf Küchenpapier abtropfen lassen.

TIPP

Die Bratlinge passen zu Kartoffeln mit Kräuterquark und einem frischen Salat.

Kohlrabiblätter-Päckchen

FÜR 2–4 PORTIONEN

Ca. 3 kleine Kohlrabi (500 g)
mit 10–12 schönen Blättern
1 EL Butter
30 g kurze Fadennudeln
100 g Basmatireis
Salz
2 Schalotten, fein gehackt
2 Knoblauchzehen, fein gehackt
4 EL Öl
100 g Magerquark
1 EL frisch geriebener Parmesan
40 g Pinienkerne, geröstet

2 EL getrocknete Cranberrys,
grob gehackt
4 Stängel Blattpetersilie,
fein gehackt
Abrieb von ½ Bio-Zitrone
Frisch gemahlener Pfeffer
200 ml Gemüsebrühe
4 EL cremiger Joghurt

Außerdem
Ca. 12 Zahnstocher

Die Kohlrabi schälen und grob raspeln. Die Blätter waschen und trocken tupfen und die Stiele fein hacken. Die Butter in einem Topf bei mittlerer Hitze zerlassen und die Nudeln darin 1 Min. anbraten. Den Reis, 200 ml Wasser und ½ TL Salz zugeben und aufkochen. Abgedeckt bei niedrigster Temperatur 10 Min. garen. Ohne den Deckel zu öffnen, 10 Min. abkühlen lassen.

In einer Pfanne Schalotten, Knoblauch und Kohlrabistiele in 1 EL Öl 5 Min. dünsten. Mit Quark, Parmesan, Pinienkernen, Cranberrys, Petersilie, Zitronenabrieb und Kohlrabi zum Reis geben. Alles gut vermengen und mit Salz und Pfeffer würzen.

Je 2 EL Füllung auf die Kohlrabiblätter geben, die Blätter einrollen und mit Zahnstochern fixieren. Das restliche Öl in einem Bräter erhitzen und die Kohlrabipäckchen darin kurz anbraten. Mit Brühe ablöschen und zugedeckt ca. 20 Min. schmoren. Leicht abkühlen lassen und mit einem Klecks Joghurt servieren.

Grünkohlbrot
mit Röstzwiebeln

FÜR 1 BROT

400 g Weizenmehl (Type 550) + etwas
    zum Bestäuben
Salz
2 TL Zucker
1 Prise frisch gemahlener Pfeffer
1 Pck. Trockenhefe
200 ml lauwarmes Wasser

70 ml lauwarme Milch
2 EL Olivenöl
200 g Grünkohl
50 g Röstzwiebeln

Außerdem
Ca. 5 Eiswürfel

In einer großen Schüssel das Mehl mit 1 TL Salz, Zucker, Pfeffer und Hefe ver-mischen. Mit dem Wasser, der Milch und dem Öl vermengen und zu einem glatten Teig verkneten. Abgedeckt an einem warmen Ort zur doppelten Größe aufgehen lassen.

Den Grünkohl putzen und die Blätter von den Rispen streifen. Waschen und in wenig kochendem Salzwasser 5 Min. garen. Abtropfen lassen und fein hacken. Den Backofen auf 230 °C vorheizen und ein tiefes Backblech auf die unterste Schiene schieben.

Den Grünkohl und die Röstzwiebeln zum Teig geben und gut unterkneten. Den Teig zu einem runden Laib formen und mit einem scharfen Messer rauten-förmig einschneiden. Auf ein mit Backpapier belegtes Blech setzen, mit Mehl bestäuben und 15 Min. gehen lassen.

Das Brot auf der mittleren Schiene in den Ofen schieben. Die Eiswürfel auf das untere Blech geben und sofort den Backofen schließen. 10 Min. backen, dann die Temperatur auf 200 °C reduzieren und das Brot in 35 – 40 Min. fertig ba-cken. Es ist fertig, wenn es beim Klopfen auf die Unterseite hohl klingt.

Saftiger Apfelkranz
mit Rotkohl und Nüssen (süß)

FÜR 1 KRANZFORM (Ø 26 CM)

Für den Teig
1 TL Butter
2 EL Semmelbrösel
300 g Äpfel, in kleinen Würfeln
1 EL Zitronensaft
200 g Mehl
2 TL Natron
1 Prise Salz
2 TL Zimt
¼ TL gemahlener Ingwer
1 Msp. gemahlene Muskatnuss
200 g Zucker
2 EL brauner Zucker
3 Eier

1 Vanilleschote,
  Mark ausgekratzt
200 ml neutrales Pflanzenöl
300 g Apfelrotkohl, abgetropft
150 g Pecannüsse + 50 g zum
  Bestreuen, grob gehackt

Für die Frischkäsecreme
400 g Frischkäse, raumtemperiert
100 g weiche Butter
150 g Puderzucker
1 EL Zitronensaft
1 TL Vanilleextrakt

Den Backofen auf 150 °C vorheizen. Die Kranzform fetten und mit Semmelbröseln ausstreuen. Äpfel mit Zitronensaft beträufeln, beiseitestellen.

Mehl, Natron, Salz, Zimt, Ingwer und Muskat in einer Schüssel vermischen. In einer zweiten Schüssel beide Zuckersorten mit Eiern, Vanillemark und Öl verquirlen. Die Mehlmischung nach und nach unterrühren und alles zu einem flüssigen Teig verarbeiten. Äpfel, Rotkohl und 150 g Nüsse unterheben.

Den Teig in die Form füllen und ca. 60 Min. backen (Stäbchenprobe). Den Kuchen ca. 20 Min. abkühlen lassen und anschließend auf eine Kuchenplatte stürzen. Vollständig abkühlen lassen.

Für die Creme Frischkäse mit Butter cremig aufschlagen. Puderzucker, Zitronensaft und Vanilleextrakt untermischen. Den Kuchen mit der Creme bestreichen und mit Pecannüssen bestreuen.

Romanesco-Gratin

mit Gorgonzola und Mandelbröseln

50 g Butter	Meersalz
1 Knoblauchzehe, grob gehackt	Frisch gemahlener Pfeffer
50 g Mehl	1 kg Romanesco, in Röschen
500 ml Milch	40 g Cheddar, gerieben
500 g Brokkoli, grob gehackt	2 Scheiben altbackenes Weißbrot
100 g Gorgonzola, gewürfelt	3 EL Mandelblättchen
½ Bd. Schnittlauch, in Röllchen	1 EL Olivenöl
3 Stängel Estragon (nach Belieben),	4 Stängel Blattpetersilie,
fein gehackt	fein gehackt

Den Backofen auf 180 °C vorheizen. Die Butter in einem Topf zerlassen und den Knoblauch kurz darin anrösten. Das Mehl zugeben und unter Rühren 1 Min. anschwitzen. Die Milch nach und nach mit einem Schneebesen unterrühren. Den Brokkoli zugeben und 20 Min. köcheln lassen. Mit einem Stabmixer pürieren. Gorgonzola, Schnittlauch und Estragon unterrühren und die Soße mit Salz und Pfeffer würzen.

Den Romanesco in eine große Auflaufform füllen. Die Soße daraufgießen und den Cheddar darüberstreuen. Das Weißbrot in einer Küchenmaschine zerkleinern. Die Mandelblättchen, das Öl, je 1 Prise Salz und Pfeffer zufügen und kurz mitmixen. Die Mandelbrösel auf dem Romanesco verteilen und das Gratin in 50 – 60 Min. goldbraun backen. Mit Petersilie bestreut servieren.

Bigos
Polnischer Sauerkrautschmortopf

FÜR CA. 6 PORTIONEN

20 g getrocknete Pilze
500 g Sauerkraut
500 g Weißkohl, in feinen Streifen
3 Dörrpflaumen, grob gehackt
2 Lorbeerblätter
4 schwarze Pfefferkörner
3 Pimentkörner
2 Wacholderbeeren
Salz
100 g Speck, gewürfelt

2 Zwiebeln, fein gehackt
150 g geräucherte Mettwurst,
in Scheiben
2 EL Öl
200 g Schweinefleisch, gewürfelt
200 g Kalbfleisch, gewürfelt
150 ml trockener Rotwein
2 EL Tomatenmark
Frisch gemahlener Pfeffer

Am Vortag die Pilze in Wasser einweichen. Am nächsten Tag in einem kleinen Topf in ca. 30 Min. weich kochen. Abgießen, grob hacken und beiseitestellen. Das Einweichwasser aufbewahren.

Das Sauerkraut, falls es sehr sauer ist, wässern, abgießen und grob hacken. In einen Topf geben, mit Wasser bedecken und abgedeckt 30 Min. garen. Weißkohl, Pflaumen, Gewürze und 1 TL Salz zugeben und weitere 30 Min. garen. Vom Herd nehmen, überschüssiges Wasser abschöpfen.

In einer Pfanne Speck, Zwiebeln und Wurst unter Rühren anbraten. In einer weiteren Pfanne das Öl erhitzen und das Fleisch darin von allen Seiten anbraten. Beide Pfanneninhalte, die Pilze und das Einweichwasser zum Kraut geben. Abgedeckt bei niedriger Temperatur 45 Min. garen. Wein und Tomatenmark unterrühren und den Eintopf weitere 15 Min. garen. Mit Salz und Pfeffer abschmecken.

TIPP

Am aromatischsten schmeckt der Eintopf,
wenn er ein- bis zweimal aufgewärmt wurde.

Fruchtiger Wirsingeintopf
mit Kasseler

FÜR 4 PORTIONEN

800 g Wirsing
2 EL Butter
2 Zwiebeln, in Spalten
2 TL Ahornsirup
2 Kartoffeln, gewürfelt
125 ml Bier
300 ml Gemüsebrühe
1 Birne, entkernt und in Spalten
1 Apfel, entkernt und in Spalten
2 TL frisch gepresster Zitronensaft
300 g Kasseler (ohne Knochen),
  gewürfelt

80 g Mascarpone
Je 1 Prise gemahlener Koriander und
  geriebene Muskatnuss
Meersalz
Frisch gemahlener Pfeffer
5 Stängel Blattpetersilie,
  Blättchen fein gehackt
1 Stück frischer Meerrettich (2 cm),
  gerieben

Die Wirsingblätter von den Mittelrispen streifen und grob hacken. Die Butter in einem Topf zerlassen und die Zwiebeln darin andünsten. Mit Ahornsirup beträufeln und karamellisieren. Den Wirsing und die Kartoffeln unterrühren und 1 Min. mitbraten. Mit Bier und Brühe ablöschen. Das Gemüse abgedeckt bei niedriger Temperatur 20 Min. garen.

Die Birne und den Apfel mit Zitronensaft beträufeln. Mit dem Kasseler zum Wirsing geben und den Eintopf weitere 10 Min. schmoren.

Mascarpone, Koriander und Muskatnuss behutsam einrühren. Den Eintopf mit Salz und Pfeffer abschmecken und mit Petersilie und Meerrettich bestreut servieren.

Ribollita
Toskanischer Schwarzkohleintopf

FÜR CA. 6 PORTIONEN

250 g getrocknete Cannellinibohnen, über Nacht eingeweicht
1 Lorbeerblatt
1 Tomate
1 Kartoffel, geschält
3 EL Olivenöl + etwas zum Abschmecken
1 Zwiebel, fein gehackt
1 Stange Lauch, in Ringen
2 Möhren, fein gewürfelt

2 Selleriestangen, fein gewürfelt
¼ TL Fenchelsamen, zerstoßen
1 Prise Chiliflocken
3 Knoblauchzehen, 2 davon fein gehackt
400 g gehackte Tomaten (Dose)
350 g Schwarzkohl
Meersalz
Frisch gemahlener Pfeffer
250 g altbackenes Brot, in Scheiben

Die Bohnen mit dem Lorbeerblatt, der Tomate und der Kartoffel in einen Topf geben. Mit kaltem Wasser bedecken und zum Kochen bringen. In 45–60 Min. weich kochen. Abgießen, dabei 150 ml Bohnenwasser auffangen und beiseitestellen. Tomate, Kartoffel und Lorbeerblatt entsorgen.

1 EL Öl in einem großen Topf erhitzen. Zwiebel, Lauch, Möhren, Selleriestangen, Fenchel, Chili und den gehackten Knoblauch darin bei geringer Hitze in 15 Min. weich dünsten. Die Tomaten, den Schwarzkohl und die Bohnen mit dem Bohnenwasser zugeben und 5 Min. mitkochen. Mit Salz und Pfeffer würzen.

Das Brot toasten. Mit Olivenöl beträufeln und mit der Knoblauchzehe einreiben. In einen Topf legen, die Bohnensuppe daraufgießen. Am besten 1–2 Std. durchziehen lassen. Vor dem Servieren abgedeckt im Backofen aufwärmen. Mit Salz, Pfeffer und Olivenöl abschmecken.

TIPP

Dazu ist ein Chianti fast schon ein Muss.

Rucolapizza

mit Blumenkohl-Parmesan-Boden

FÜR 1 RUNDE PIZZA

Für den Pizzaboden
250 g Blumenkohl, fein geraspelt
40 g Parmesan, fein gerieben
1 EL gemahlene Mandeln
1 Ei, verquirlt
½ TL Oregano

Für den Belag
100 g gehackte Tomaten (Dose)
½ Bd. Basilikum,
Blättchen abgezupft

Meersalz
Frisch gemahlener Pfeffer
1 TL Olivenöl
½ kleine Fenchelknolle, in sehr
feinen Scheiben
30 g Pinienkerne
125 g Mozzarella, in Scheiben
1 Handvoll Rucola
Etwas frisch geriebener Parmesan
zum Bestreuen

Den Backofen auf 180 °C vorheizen. Den Blumenkohl in einer Pfanne bei mittlerer Hitze ohne Fett unter Rühren ca. 8 Min. erwärmen, um die Feuchtigkeit zu reduzieren. Abkühlen lassen. In eine Schüssel geben und mit Parmesan, Mandeln, Ei und Oregano vermengen. Auf ein mit Backpapier belegtes Blech schütten und mit den Händen zu einem dünnen, runden Teigboden drücken. Dabei einen etwas dickeren Rand formen. In 15 – 20 Min. goldbraun backen und aus dem Ofen nehmen.

Die Backofentemperatur auf 220 °C erhöhen. Die Tomaten mit der Hälfte des Basilikums pürieren und mit Salz, Pfeffer und Olivenöl abschmecken. Die Pizza mit der Soße bestreichen und mit Fenchel, Pinienkernen und Mozzarella belegen. Die Pizza in ca. 8 Min. fertig backen. Mit dem übrigen Basilikum, dem Rucola und etwas Parmesan bestreut servieren.

TIPP

Die Pizza kann natürlich auch mit anderen leckeren Zutaten belegt werden, die gut mit Parmesan harmonieren.

Rosenkohl-Tarte
mit Haselnüssen

FÜR 1 TARTEFORM (Ø 28 CM)

Für den Tarteboden

250 g Mehl + etwas für die Arbeitsfläche
125 g kalte Butter, gewürfelt
50 g gemahlene Haselnüsse
1 Ei
4 EL Sahne
½ TL Salz

Für den Belag

750 g Rosenkohl, geputzt
Salz
4 Zwiebeln, in Scheiben
2 EL Öl
3 Eier
150 g Crème fraîche
2 TL Dijon-Senf
100 g Gouda, gerieben
½ Zweig Thymian,
  Blättchen abgezupft
Frisch gemahlener Pfeffer
50 g Haselnussblättchen

Für den Tarteboden alle Zutaten zügig mit den Händen vermengen und zu einem glatten Teig verarbeiten. Abgedeckt 30 Min. kalt stellen. Den Teig auf der bemehlten Arbeitsfläche ausrollen und die Tarteform damit auskleiden. Erneut kalt stellen. Den Backofen auf 180 °C vorheizen.

Den Rosenkohl 10 Min. in kochendem Salzwasser garen. Abgießen und abtropfen lassen. Die Zwiebeln im Öl goldgelb anbraten. Die Eier mit Crème fraîche, Senf, Gouda und Thymian verrühren. Mit Salz und Pfeffer würzen. Rosenkohl und Zwiebeln auf dem Tarteboden verteilen. Mit der Ei-Mischung übergießen und mit den Haselnussblättchen bestreuen.

Die Tarte in ca. 40 Min. goldbraun backen. Vor dem Anschneiden 5 Min. ruhen lassen.

Tagliatelle

mit Rahmkohlrabi und Lachsstreifen

FÜR 4 PORTIONEN

500 g Kohlrabi, in 1 cm großen
  Würfeln
1 kl. Stange Lauch, in Scheiben
1 Möhre, in dünnen Scheiben
2 Selleriestangen, in Scheiben
400 g Tagliatelle
200 ml Sahne
1 ½ TL Meersalz

Abrieb von ½ Bio-Zitrone
1 TL Tafelmeerrettich (nach Belieben)
200 g Lachsfilet (ohne Haut),
  in schmalen Streifen
Frisch gemahlener Pfeffer
3 Stängel Dill, fein gehackt
2 Stängel Petersilie, fein gehackt

Den Kohlrabi mit dem Lauch, der Möhre, dem Sellerie und den Tagliatelle in einen großen Topf geben. Die Sahne, 1 TL Salz, den Zitronenabrieb und ca. 1 l kaltes Wasser zugeben und abgedeckt bei hoher Temperatur zum Kochen bringen. Den Deckel abnehmen und die Nudeln ca. 10 Min. unter häufigem Rühren sprudelnd kochen. Eventuell einige EL Wasser zugeben.

Den Meerrettich und die Lachsstreifen unterheben und die Nudeln weitere 2 Min. garen. Sind sie noch nicht bissfest, etwas Wasser zugeben und kurz weiterköcheln. Mit Salz und Pfeffer würzen und mit Dill und Petersilie bestreut servieren.

TIPP

Statt Lachs kann man die gleiche Menge Nordseekrabben verwenden. Diese werden allerdings nicht gegart, sondern zum Schluss mit den Kräutern auf den Nudeln verteilt.

Zitroniges Risotto
mit Flower Sprouts

FÜR 4 PORTIONEN

3 Schalotten, fein gehackt
3 EL Butter
300 g Risottoreis
250 g Grünkohl, in feinen Streifen
4 Zweige Thymian, Blättchen fein
  gehackt
2 Knoblauchzehen, fein gehackt
Abrieb und 2 TL Saft von
  1 Bio-Zitrone
150 ml trockener Weißwein

Ca. 1 l heiße Gemüsebrühe
400 ml Erdnussöl
300 g Flower Sprouts, geviertelt
50 g Parmesan, frisch gerieben
50 g Gorgonzola, in Würfeln
2 Stängel Estragon, Blättchen fein
  gehackt
Meersalz
Frisch gemahlener Pfeffer

In einem Topf die Schalotten unter Rühren in der Butter andünsten. Reis, Grünkohl, Thymian, Knoblauch und die Hälfte des Zitronenabriebs untermischen und 1 Min. anbraten. Mit Wein ablöschen. Die Gemüsebrühe kellenweise unter den Reis rühren. Immer erst die nächste Kelle zugeben, wenn der Reis die gesamte Flüssigkeit aufgenommen hat. Den Reis bissfest garen.

Das Erdnussöl bei hoher Temperatur in einem großen Topf erhitzen. Die Flower Sprouts auf einem Schaumlöffel hineingleiten lassen (Achtung, es kann spritzen!) und in ca. 1 Min. knusprig frittieren. Herausheben, auf Küchenpapier abtropfen lassen und warm halten.

Beide Käsesorten, den Estragon und 1 TL Zitronensaft unter den Reis heben und abgedeckt 1 Min. ruhen lassen. Mit dem restlichen Zitronenabrieb, Salz und Pfeffer würzen. Die Flower Sprouts darauf verteilen und mit Zitronensaft beträufelt servieren.

Rezeptübersicht